CCSS **Género** Cuento folclórico

Pregunta esencial

¿De dónde vienen las buenas ideas?

De cómo tío Zorro se escapó de tío Tigre

Marcela Villegas-Gómez
ilustrado por Enrique Corts

Capítulo 1
Tío Zorro

En muchos lugares de América Latina, los abuelos, en las noches, les cuentan a los niños las ocurrencias del astuto tío Zorro. Esta es una de esas aventuras. Lee con atención.

Tío Zorro siempre estaba contento y sonriente. Tenía todo lo necesario para ser feliz. Vivía con su familia en una madriguera calientita y segura, ubicada en una ladera empinada. La madriguera estaba cerca de un gran monte donde había muchas frutas, plantas, animales y abundante agua fresca. Tío Zorro y tía Zorra eran los felices padres de seis bonitos y traviesos cachorros.

Tío Zorro era un poco perezoso. Pensaba que si se era listo no había necesidad de trabajar. Casi siempre, tío Zorro se salía con la suya.

Una mañana después del desayuno, había planeado tomar una siesta, pero su esposa le pidió que fuera al monte y recogiera manzanas.

La cosecha de manzanas se estaba acabando. Así que tendría que recorrer todo el monte e ir de árbol en árbol para encontrar las frutas.

Tío Zorro le preguntó a su esposa:

—Querida, ¿qué tal si traigo peras en lugar de manzanas?

—No, tío Zorro —dijo tía Zorra—. Las manzanas son para el pastel de cumpleaños de los niños. Ya sabes que a ellos no les gustan las peras. Además, ¿qué te cuesta levantarte de esa cama y caminar un poco?

AHORA COMPRUEBA

¿Por qué tío Zorro tenía que recoger manzanas?

No había más remedio. Tío Zorro suspiró y se fue a buscar las manzanas. Después de caminar un rato, se sintió cansado. “Sería agradable tomar una siesta bajo ese árbol”, pensó mientras miraba un manzano cargado de frutas.

Tío Zorro se estiró bajo la sombra del manzano. Estaba a punto de quedarse dormido, cuando un fuerte rugido lo sacudió.

Capítulo 2

El soporte del monte

—¡ROOOARRR! ¡Así te quería encontrar! ¡Esta vez no te escaparás! —rugió tío Tigre.

El pobre tío Zorro se asustó mucho y se levantó de un salto. En ese momento le habría gustado tener un amuleto contra animales feroces. O un carapacho como el de la abuela Tortuga. Cada vez que ella tenía problemas, se metía en su carapacho y no salía por un rato.

Pero tío Zorro no tenía ni amuleto ni carapacho con que defenderse. Y tío Tigre, además de ser mucho más grandotote que tío Zorro, tenía unos colmillos enormes y filosos.

A tío Zorro no se le ocurrió enfrentarse al imbatible tío Tigre. En el monte todos le tenían mucho miedo. Decían que era invencible. Ganaba cada pelea a la que se enfrentaba sin hacer ningún esfuerzo.

Para escaparse, tío Zorro debería recurrir a toda su inteligencia y astucia rápidamente. Tío Tigre estaba furioso.

Detective del lenguaje **¿Cuál es la función del punto seguido en el texto subrayado?**

A tío Zorro se le ocurrió un plan ingenioso. Con voz de cansancio, le dijo a tío Tigre:

—¡Tío Tigre, afortunadamente llegaste! Observa este manzano con cuidado. Ahí donde lo ves, este viejo manzano es el soporte del monte. Si se cae, todo el monte se derrumbará. He estado sosteniéndolo mucho rato. Pero soy débil y no aguanto ni un minuto más. ¡Ayúdame, tío Tigre! No sea se venga abajo todo el monte.

Tío Tigre contestó alarmado:

—Si el manzano se cae, todos los animales del monte moriremos. ¡Eso sería terrible! No lo voy a permitir. Dime, ¿qué quieres que haga?

Detective del lenguaje

La oración subrayada es exclamativa. Busca otra oración exclamativa en esta página.

Capítulo 3
Tío Tigre cae en el engaño

—Es fácil, tío Tigre —dijo el astuto tío Zorro—. Tú eres el animal más fuerte y resistente del monte. Sostén el manzano por mí. Yo voy a buscar un tronco grueso para ayudarte a sostener el árbol.

Tío Tigre se puso bajo el manzano. Acomodó sus dos patas firmes contra el tronco y lo empujó con todas sus fuerzas.

—Corre, tío Zorro. Trae el tronco mientras yo sostengo el manzano.

Tío Zorro no tardó en desaparecer en la lejanía. Corrió tan rápido como se lo permitieron sus patas. Ya no veía a tío Tigre en el horizonte. Entonces, encontró otro árbol cargado de jugosas manzanas maduras. Tenía tantas frutas que las ramas se doblaban y tocaban el piso. Tío Zorro recogió las que necesitaba para el pastel de cumpleaños de sus cachorros. Luego, se acostó a dormir la siesta que tanto deseaba.

AHORA COMPRUEBA

¿Por qué tío Tigre aceptó sostener el manzano?

Al cabo de un rato, se despertó. Ya había pasado el mediodía, y debía volver a su madriguera. De regreso a su hogar, vio un hermoso limonero.

“¿No sería agradable comer pastel de manzanas acompañado de limonada?”, pensó.

Tío Zorro se puso a recoger limones, pero tanto esfuerzo le dio sueño y decidió tomar otra siesta bajo el limonero.

Finalmente, tío Zorro se despertó y se fue a su casa. Con las manzanas que había recogido, su esposa preparó un delicioso pastel de manzanas. Y mientras ella horneaba el pastel, tío Zorro se encargó de hacer la limonada.

Ya casi oscurecía. La familia Zorro celebraba la fiesta de cumpleaños de los cachorros, cuando se oyó un rugido de dolor.

Desde la puerta de su madriguera, tío Zorro vio cómo un malhumorado tío Tigre pasaba a cierta distancia. Tío Tigre se frotaba las patas.

—¿Qué le habrá pasado a tío Tigre que se ve tan enojado y adolorido? —preguntó tía Zorra.

—No tengo la menor idea, querida —contestó tío Zorro, alegre de haber escapado de las enormes garras de tío Tigre. Una vez más, su ingenio y astucia lo habían salvado.

AHORA COMPRUEBA

¿Por qué tío Tigre tenía las patas adoloridas?

Respuesta a la lectura

Resumir

Usa los detalles más importantes de *De cómo tío Zorro se escapó de tío Tigre* para resumir el cuento. Usa el organizador gráfico como ayuda.

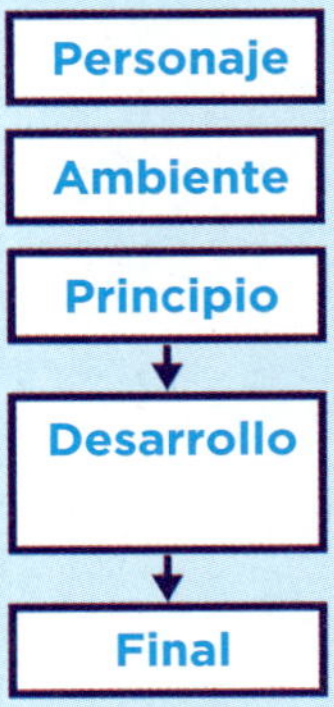

Evidencia en el texto

1. ¿Cómo sabes que *De cómo tío Zorro se escapó de tío Tigre* es un cuento folclórico? Identifica una característica que lo indique. **GÉNERO**

2. ¿Qué sucesos hacen que tío Zorro se encuentre con tío Tigre? **SECUENCIA**

3. ¿Qué sinónimos tiene la palabra *imbatible* en la página 7? **SINÓNIMOS**

4. Escribe por qué tío Tigre acepta sostener el manzano. **ESCRIBIR SOBRE LA LECTURA**

CCSS **Género** **Fábula**

Compara los textos

Lee para saber de dónde sacan los gatos las ideas ingeniosas.

El gato que quería ser león

Bongo era un gato que quería tener una abundante melena, dientes grandes, rostro serio y un rugido que resonara en la selva. Quería ser un gran león, no un tigrillo, ni un lince ni un jaguar.

Cuando veía su reflejo esperaba ver a un melenudo león, pero solo veía a un gatito gris de grandes ojos color miel.

Desesperado, buscó una solución. No sería más un gato doméstico. Se convertiría en un león.

Illustration: Kristin Sorra

Intentó varias opciones. Compró un jabón especial. Este prometía convertir en león, incluso a un ratón. Lo usó todas las noches, pero el jabón solo decoloró su hermoso pelaje gris.

Entró a un gimnasio. Pensó que podría lograr músculos fuertes y ágiles con originales ejercicios. Solo logró una dolorosa torcedura.

Practicó clases de canto con un tenor y avanzó mucho en la ópera, pero ningún rugido salió de su boca. Por más que intentara, sus maullidos no asustaban a nadie. A la gente le parecían encantadores. A él, muy desagradables.

Illustrations: Kristin Sorra

Le preguntó a su familia cómo podía volverse un león feroz. Aunque a ellos les pareció absurdo que un gato quisiera ser otra cosa, hicieron una lluvia de ideas. Escogieron la mejor opción: llevarlo al parque. Allí le hicieron creer que estaba en la sabana africana. Ahora tendría que cazar su comida y dormir en el exterior.

Bongo había olvidado que los leones no tienen camas mullidas y no comen croquetas de pescado. Tampoco tienen dueños que les acaricien el lomo. Bongo decidió regresar a casa.

Mientras comía sus croquetas, Bongo pensaba en lo maravilloso que es ser un gato doméstico.

Moraleja: Debemos apreciar lo que somos.

Haz conexiones

¿De dónde proviene la idea ingeniosa que se le ocurrió a la familia de Bongo? **PREGUNTA ESENCIAL**

¿En qué se parece el personaje principal de *De cómo tío Zorro se escapó de tío Tigre* a Bongo, el personaje principal de *El gato que quería ser león*? ¿En qué se diferencian? **EL TEXTO Y OTROS TEXTOS**

Illustration: Kristin Sorra

Enfoque:

Género

Cuento folclórico Los cuentos folclóricos son parte de las tradiciones de una región. Se transmiten de los abuelos a los padres, y de los padres a los hijos. Usualmente narran las aventuras de personajes astutos que hacen travesuras.

Lee y descubre En *De cómo tío Zorro se escapó de tío Tigre,* el astuto tío Zorro sale a buscar manzanas para un pastel. Después evita ser devorado por tío Tigre, usando su inteligencia. Finalmente se reúne con su familia y disfrutan del pastel.

Tu turno

Escoge un cuento folclórico. Cambia el ambiente para hacerlo más moderno. Haz una tabla de dos columnas. En una columna enumera las características del cuento folclórico tradicional. En la otra columna enumera cómo aplicaste esas características a tu cuento folclórico moderno. Cuando hayas terminado la tabla, compárala con la de un compañero o una compañera.